Madhavi Veronika Broszinski

FANTASIEREISEN

erleben und fühlen

Madhavi Veronika Broszinski

FANTASIEREISEN

erleben und fühlen

Bibliografische Information der Deutschen Nationalbibliothek:
Die Deutsche Nationalbibliothek verzeichnet
diese Publikation in der Deutschen
Nationalbibliografie; detaillierte bibliografische Daten
sind im Internet über http://dnb.dnb.de abrufbar.

Illustration und Coverbild:
Jessica Ballweg
www.heart-beat-healing.com

Buchlayout:
Lektorat Buchstabenpuzzle
Bianca Karwatt
www.buchstabenpuzzle.de

2. Auflage

Herstellung und Verlag: BoD – Books
on Demand, Norderstedt

ISBN: 978-3-7534-9650-4

Dieses Buch widme ich meinen
Kindern und Enkelkindern.

6

Vorwort

Dieses Buch ist für die Kinder der Neuen Zeit geschrieben. Es ist mir eine große Freude, dass ich dieses Buch als Handwerkzeug den Eltern, Großeltern, Lehrern und Erziehern, welche mit den Kindern leben, in die Hand geben darf.

Ich selbst bin in einer Schule tätig gewesen, in der Kinder mit Konzentrationsstörungen und Hyperaktivität unterrichtet wurden. Ich habe dort diese Fantasiereisegeschichten über ein Ganztagsangebot für die Kinder durchgeführt. Im Laufe der Zeit kam mir immer mehr der Impuls, diese Fantasiereisegeschichten mit einer Meditation zu verbinden. Dies kam bei den Kindern vor dem Vorlesen einer Geschichte sehr gut an. Durch die Möglichkeit einer geführten Meditation werden die Kinder in die Lage gebracht, sich ganz tief zu entspannen. In dieser Entspannungsphase können sie der Meditation gut folgen und sind somit auf die folgende Fantasiereisegeschichte mental gut eingestimmt. Das ist ein großer Vorteil, so mit den Kindern zu arbeiten.

Es ist mir ein sehr großes Bedürfnis, dieses Buch den Menschen anzubieten, welche unsere Kinder

der Neuen Zeit in ihrer Entwicklung begleiten. Dieses Buch gibt denjenigen, welche es für sich benutzen möchten, einen prägnanten Leitfaden, in Kürze diese Kinder in die Entspannung zu begleiten. Die Kreativität sowie die Sensibilität der Kinder werden dadurch unterstützt. Körper, Geist und Seele kommen in kürzester Zeit in Einklang.

Mama, warum bin ich überhaupt geboren?

Lisa, ein kleines Mädchen aus der Großstadt, fühlt sich in dieser kühlen und stressigen Welt ungeliebt und klein. Sie hat keine Freunde, zumindest glaubt sie das. In der Schule ist sie eine sehr gute Schülerin und auch in ihren sportlichen Aktivitäten leistet sie gute Arbeit. Trotzdem ist sie mit sich und der Welt unzufrieden. Lisa hat nur einen Wunsch, geliebt zu werden, so wie sie es gerne jedem anderen gibt.

Eines Abends, als sie sich wieder ganz klein und ungeliebt fühlte, fragte sie ihre Mama: »Mama, warum bin ich überhaupt geboren?« Die Mama war über diese Frage sehr erstaunt, fast erschrocken und sie wusste nicht so recht, was sie ihrer Tochter antworten sollte. Das war für Lisa nicht so zufriedenstellend. Als sie später zu Bett ging, fiel ihr Blick auf die beiden Engel, welche auf dem Nachttisch standen. So fragte sie die Engel: »Könnt ihr mir meine Frage beantworten, warum ich überhaupt geboren bin?«

Die Engel freuten sich über diese Frage und sagten: »Lege dich in dein Bettchen, schließe deine Augen und höre, was wir dir nun berichten.« Lisa befolgte alles und war ganz gespannt, was die Engel ihr zu sagen hatten. »Weißt du, Lisa, als du noch als Seele bei uns gelebt hast, da war alles bunt und schön und alle hatten einander lieb. Dann kam es dazu, dass du dich entschlossen hast, geboren zu werden und genau dazu hast du dir deine Mama ausgesucht, welche dich aus ganzem Herzen liebt.«

Lisa fragt die Engel: »Aber warum habe ich denn auf der Erde niemanden, wo ich fühle, dass er mich ganz doll lieb hat?« Die Engel erklärten Lisa, dass dies genau die Aufgabe ist, warum sie sich auf der Erde befindet. Zuallererst darf sie lernen sich selbst zu lieben, so wie sie ist.

Als Lisa das hörte, wusste sie nun gar nicht so recht, wie es gemeint ist. »Das ist doch ganz einfach«, sprachen die Engel. »Du bist zuerst einmal zu dir lieb, indem du dir gibst, was du brauchst. Wenn du spürst, dass du gestresst bist, lege dich hin und ruhe dich aus. Du kannst dich auch mit Reiki behandeln oder meditieren. Führe dir nur ganz gesunde Lebensmittel und gereinigtes Wasser zu, sodass sich auch dein Magen immer wohlig anfühlt. Das heißt, iss viel Obst, Gemüse und vollwertige Lebensmittel. Vermeide unbedingt Zucker und Weißmehl. Du wirst dich merklich besser fühlen. Sobald du merkst, dass du dich besser fühlst, solltest du diese Lebensweise beibehalten.«

Lisa hörte den Engeln gut zu und sagte: »Ich probiere es aus.«

Einige Monate später sprach Lisa am Abend wieder mit ihren Engeln über dieses Thema. Sie erzählte ganz aufgeregt, was sie alles in ihrem Leben geändert hat. Zum Beispiel ruhte sie sich regelmäßig nach der Schule aus und ging in eine kurze Entspannungsphase. Gemeinsam mit ihrer Mutter veränderte sie den ganzen Tagesablauf, sodass sie feste Rituale in die Familie einführten. So saßen sie gemeinsam am Tisch und Lisa verzehrte viel mehr Obst und Gemüse, stilles Wasser und vollwertige Lebensmittel. Durch diese kleinen Änderungen in ihrem Leben, ging es Lisa schon nach einigen Monaten viel besser. Die Engel freuten sich, diese schöne Nachricht von Lisa zu hören.

Auch hatte sie gelernt, sich im Außen abzugrenzen und sprach aus, was sie bedrückt und was sie fühlt. Sie hat gelernt, sich so anzunehmen, wie sie ist. Durch ihre liebevolle Art und Weise zu sich selbst und auch zu anderen, hat sie nun auch eine nette Freundin gefunden, welche zu ihr passt.

Eine Fee, die sich ein neues Zuhause suchte

Es war einmal eine Fee, sie war ganz klein und zart. Ihre Kleider waren grün-rosa-glitzernd und sie wohnte in einem großen Walnussbaum. Dieser Baum befand sich auf einem Grundstück in einer Kleingartenanlage. Jedoch sollte diese Anlage nicht mehr dafür genutzt werden, sondern es war geplant, genau dorthin Häuser zu bauen.

Die kleine Fee spürte schon, dass irgendetwas nicht stimmte, weil alle kleinen Gartenlauben abgerissen und die Bäume gerodet wurden. Nur der große Walnussbaum blieb noch stehen. Als sie sah, dass alles um sie herum ganz kahl aussah, machte sie sich einen Plan.

Im Holzhaus nebenan wohnte eine Familie mit drei kleinen Mädchen. Diese Mädchen hatten einen ganz besonderen Draht zu der Fee. Die Fee, namens »Lilli«, sprach sehr oft mit den drei kleinen Mädchen. Eines der Mädchen, es war die Älteste, konnte Lilli sogar sehen, wie sie alles andere um sich herum auch sehen konnte.

Nun sprach die Fee Lilli zu dem ältesten Mädchen: »Ich habe bald keine Bleibe mehr! So wie es sich für mich anfühlt, wird der letzte Walnussbaum auf diesem Gelände auch bald gerodet werden.«

Da sprach die älteste der drei Mädchen: »Liebe Fee, es tut mir so leid, was ich hier mit ansehen muss. Bleib doch noch solange es geht in deinem schönen Walnussbaum, ich lasse mir etwas einfallen.«

Eines Tages jedoch wurde auch dieser Baum gerodet. Die drei Mädchen standen am Fenster und trauten ihren Augen nicht. Die Fee Lilli fiel aus ihrem Baumhaus heraus und irrte umher. Sie wusste auf dem gerodeten Land nicht, wohin sie gehen sollte. Als die älteste der drei Mädchen dies sah, fing sie an zu weinen. Sie lief hinaus in den Garten, welcher sich genau hinter ihrem Haus befand und sprach zu der Fee: »Lilli, du musst nicht mehr traurig sein. Mir ist gerade etwas eingefallen.

Du kommst einfach mit in mein Kinderzimmer. Dort ist es warm und gemütlich. Meine Mama hat vorige Woche ein kleines Weidenhaus für mich und meine Puppen gebaut, dort kannst du dir es richtig gemütlich machen.«

Die Fee war entzückt von diesem Vorschlag und ging mit in das Kinderzimmer. Dort war es richtig schön warm und gemütlich. In solch einem schönen Holzhaus roch es natürlich nach frischem Holz und sie erblickte auch gleich das Weidenhaus, wovon das Mädchen sprach. Die Fee schaute sich alles gleich an und richtete ihr neues Zuhause ein. Sie fühlte sich wohl und sprach zu der Ältesten: »Weil du mich ja nur sehen kannst, richte bitte deinen zwei Schwestern aus, dass ich mich freue und sehr froh bin, weil ihr mir hier ein neues Zuhause geschaffen habt. Ich bin euch allen sehr dankbar!«

Dies tat sie auch und alle hatten mit Lilli noch sehr viel Spaß.

Für Dich zum Ausmalen

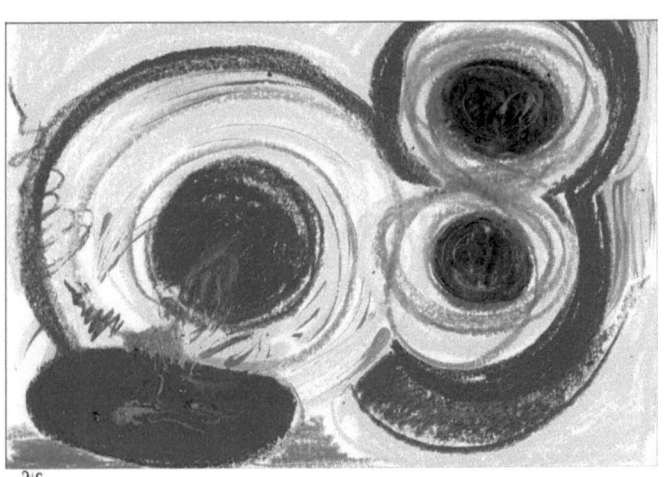

Warme Sonnenstrahlen
auf der Haut

In diesem Jahr ist der Winter besonders lang. Die Kälte, der trübe Himmel, es will einfach nicht weichen. Doch eines Morgens wachte ich auf und sah von meinem Bett aus schon den blauen Himmel und die Sonne scheinen. Da beginnt der Tag doch ganz anders, dachte ich bei mir.

Ihr werdet euch bestimmt fragen, von wem hier gesprochen wird. Ich bin ein kleines Mädchen und wohne in einem Vorort einer großen Stadt. Mein Name ist Kiara.

Die Ferien sind zu Ende und heute beginnt mein erster Schultag. Alle Kinder kommen gut gelaunt in die Schule. Sie haben genug zu erzählen von ihren Erlebnissen in den Ferien und außerdem ist heute der erste Tag, an dem die Sonne scheint. Es fühlt sich ganz schön an auf der Haut, im Gesicht und überhaupt sind alle Menschen viel besser gelaunt, sobald die Sonne scheint.

Ich möchte euch aber heute in meiner Geschichte von den Erlebnissen erzählen, welche ich in den Ferien hatte. Ich war mit meinen Eltern verreist, besser gesagt, wir sind ins Warme geflogen. Das war eine tolle Erfahrung. Als wir zu Hause losflogen, war es kalt, trüb und windig. Der Flieger brachte die Urlauber in ein fernes Land, nach Ägypten. Als wir am Flughafen ausstiegen und zu unserem Bus gebracht wurden, schien die Sonne und es war sehr warm. Ich fuhr mit meinen Eltern ins Hotel, welches direkt am Meer lag. Ich war schon ganz aufgeregt, wie wohl der Strand aussehen mag.

Hoffentlich sind auch andere Kinder im Hotel, dachte ich bei mir. Aber da ja Ferien sind, kamen von anderen Orten noch mehr Familien im Hotel an. Wir bezogen unser Zimmer. Ich konnte mich erst einmal überall umsehen. Mama packte für alle die Badesachen aus und wir schnappten uns die Badetasche und gingen zum Meer. War das schön! Überall waren große Palmen, Blumen und Pflanzen auf dem Weg durch die Gartenanlage zum Strand. Hier scheint es wohl nie Winter zu geben, dachte ich mir. Die Blumen blühten hier in einer solchen Farbenpracht, wie ich es von zu Hause zu dieser Jahreszeit nicht kannte.

Nun kamen wir am Meer an. Überall standen Liegen mit Sonnenschirmen aus Stroh bereit und warteten nur auf die Besucher. Ich suchte mir gleich eine Liege aus. Da wir hier am Strand auch Handtücher für unsere Liegen bekamen, holte ich für uns gleich drei. Es war mittags gegen 13.00 Uhr und es kamen noch einige Familien mit ihren Kindern zum Strand.

 18

Ich ging zu meiner Nachbarliege, dort lag schon ein Mädchen und sonnte sich. Wir kamen gleich ins Gespräch. Ich fragte sie, ob sie mit mir ins Wasser komme, um zu schwimmen.

Da antwortete sie mir: »Später, ich habe mich gerade hingelegt und möchte die warmen Sonnenstrahlen auf der Haut spüren.«

Da sagte ich zu ihr, dass sie dies doch auch im Wasser spüren kann.

»Das ist schon möglich, aber dort hast du so viele Einflüsse, dass du das, was du spüren möchtest, nicht spürst.« Ich kam mir etwas komisch vor, weil ich nicht wusste, was sie damit meinte.

Darauf sprach sie: »Weißt du, wir dürfen lernen, uns auf eins zu konzentrieren und dies auch dann intensiv für sich zu spüren. Und so ist es mit dem Sonnen hier auf der Liege. Ich habe mich jetzt darauf eingelassen, mich zu sonnen. Lege dich mal auf deine Liege«, sprach sie zu mir »und fühle einfach hinein, wie es sich anfühlt.« Ich tat es und es war einfach schön. Es war warm, sehr sogar, die Sonne kitzelte mich im Gesicht und es fühlte sich am ganzen Körper richtig gut an.

Als ich nun so eine ganze Weile lag, sagte sie zu mir: »Weißt du was, nun können wir doch mal ins Meer baden gehen, um zu fühlen, wie warm das Wasser ist.« Dies taten wir auch und das Meerwasser war ebenfalls sehr warm, fast so, wie in der Badewanne. Wir hatten unseren Spaß, wir schwammen und tobten im Wasser.

Nach einiger Zeit gingen wir zu unseren Liegen und wir erzählten uns von zu Hause. Da sagte sie mir, dass sie sehr krank ist. Ihr ganzer Körper schmerzte ständig an unterschiedlichen Stellen, auch konnte sie längere Zeit nicht zur Schule gehen. Die Ärzte fanden aber nicht konkret heraus, woran es lag. Sie erzählte mir auch, dass sie gelernt hatte, sich zu entspannen.

»Ja, das ist wichtig«, sagte sie zu mir. »Wir haben so viele Außeneinflüsse den ganzen Tag, dass es wichtig ist, sich zumindest am Nachmittag nach der Schule auszuruhen.« Dies tat sie nun seit geraumer Zeit und es ginge ihr schon viel besser.

Ich war sehr erstaunt von dem, was sie mir da erzählte. Das könnte ich auch gebrauchen, dachte ich so bei mir. Ich wurde nun langsam neugierig und befragte sie nach allem, was ich wissen möchte. Sie erzählte von Fantasiereisen, welche die Lehrer an den Schulen mit in den Unterricht einbinden und von Reiki, was sie gelernt hatte.

»Ja, Reiki«, sagte sie »ist eine tolle Methode, sich zu entspannen und sich fühlen zu lernen. Das ist wichtig, denn wenn wir uns nicht fühlen können, ist es uns auch nicht möglich, uns in andere hinein zu fühlen. Das ist aber für unsere Wahrnehmung wichtig, um den anderen Menschen spüren zu können.«

Von solch spannenden Sachen hatte ich vorher noch nichts gehört, aber ich finde es sehr interessant.

Ich habe mir vorgenommen, mit meiner Mutti darüber zu reden, weil sie ja immer zu mir sagt: »Kind, du musst viel mehr entspannen!« Aber sie spricht nur davon, vielleicht weiß sie selbst nicht, wie es funktioniert. Wir redeten noch eine Weile, dann rief auch schon meine Mutti. Wir wollten uns nun für das Abendessen fertig machen.

Das war für mich heute ein sehr schöner Tag. Ich bin in mein Gefühl gegangen, die Sonne zu spüren und habe noch ganz nebenbei einiges über Entspannung gehört. Ich verbrachte in diesem Urlaub noch ganz viel Zeit mit diesem Mädchen am Meer. Ja und heute bin ich wieder in der Schule und darf über meine Erlebnisse am Meer in Ägypten erzählen.

Eine Reise ins Universum

Das haben sich die Beiden schon immer gewünscht: Einmal in das Universum reisen! Und so beginnt sie auch, unsere Geschichte. Es handelt sich um zwei Freundinnen, Lisa und Monika. Sie haben sich heute nach der Schule im Park auf eine Bank gesetzt, genießen die Sonne und beobachten die Natur.

Da kam Lisa eine Idee und sie fragte Monika: »Wie mag es wohl da ›oben‹ am blauen Himmel weitergehen, kannst du es dir vorstellen?« Monika hatte sich das auch schon immer gefragt und träumte bereits vor sich hin. Da sprach Lisa zu ihr: »Pass auf, wir lehnen uns beide ganz entspannt an die Lehne der Bank zurück, schließen unsere Augen und schauen einmal, was passiert.« Dies taten sie beide auch. Ein lauer Wind wehte über ihre Gesichter und die Sonne kitzelte auf der Haut. Nun fingen beide Freundinnen an zu träumen.

Nach einer ganzen Weile sagte Lisa zu Monika: »Ich habe ganz wunderbare Dinge gesehen.« Monika erwiderte: »Das finde ich aber spannend, los fang an mit dem Erzählen.« Da erzählte Lisa, dass sie in eine helle Lichtsäule gestiegen ist, dort haben sich die Türen verschlossen und dann ging die Reise los. Zuerst flog sie in dieser Lichtsäule weit hoch in die Luft durch den Himmel hindurch. Dann wurde es ganz hell. Sie wunderte sich, dass dort alles ganz leicht war. Die Tür der Lichtsäule öffnete sich und Lisa stieg aus. Sie lief nicht, sondern sie schwebte. Ringsherum konnte sie bunte Blumen sehen, alle hatten wunderschöne Farben des Regenbogens. Sie lief wie auf Watte und sah dort ganz viele Kinder, alle hatten weiße Kleider an und spielten in einer Harmonie miteinander. Es war richtig schön.

Dann kam ein kleines Mädchen auf Lisa zu und fragte: »Wo kommst du denn so plötzlich her?« Lisa antwortete ihr, dass sie in einer Lichtsäule durch den Himmel zu ihr geflogen ist. Das Mädchen verriet

 24

Lisa nun ihren Namen, sie hieß Larissa und sagte, dass sie sich dort schon eine ganze Weile befindet. »Es ist schön hier, alles ist bunt und freundlich. Es gibt keinen Streit und keine Intrigen, wie auf der Erde.« Lisa konnte das nur bestätigen, denn darunter hatte sie oft zu leiden.

Larissa sagte zu Lisa: »Komm, ich führe dich hier ein wenig herum und zeige dir alles.« Lisa war begeistert, was sie sich ansehen konnte. Alle wohnten z. B. in kleinen bunten Häusern, wo jeder einen Garten hatte und alles bunt war. Am Vormittag gingen die Kinder entweder in einen Kindergarten oder in eine Schule. »Fast wie bei uns«, sagte Lisa »nur, dass es hier ganz andere Unterrichtsfächer gibt.« »Ja«, sagte Larissa, »wir haben hier viele Fächer, wo wir Kinder uns entfalten können. Wir können uns in alle Richtungen ausprobieren, sodass wir erkennen, wo unsere Stärken und wo unsere Schwächen liegen. Außerdem gibt es hier viel über verschiedene Kristalle zu lernen, welche Farben sie haben und wo diese in der Selbstheilung Anwendung finden.«

Larissa gab Lisa einen Bergkristall, einen Amethyst und einen Rosenquarz und erklärte ihr, wofür sie diese Steine benutzen konnte. Sie sagte: »Der Amethyst, weißt du, der kann alle schlechten Gedanken einfach wegzaubern. Der Bergkristall gibt dir im

Denken und in deinen Entscheidungen, welche du triffst, ganz viel Klarheit, ja und der Rosenquarz, das ist ein ganz besonderer Stein. Das ist der Stein der Liebe. Der Liebe, die im Herzen wohnt.« Da wurde es Lisa ganz warm ums Herz, als sie diesen Stein in der Hand hielt.

Lisa hatte ganz viele Fragen an Larissa wegen diesen Steinen. Da sagte sie zu Lisa: »Weißt du was, nimm dir einfach diese drei Steine mit. Es ist ein Geschenk für dich zum Andenken an deinen Ausflug zu mir.« Lisa freute sich sehr und war überglücklich über ihre Steine. Larissa verabschiedete sich von Lisa und sprach: »Wenn du das nächste Mal eine Reise zu mir unternimmst, erzähle ich dir noch mehr von meiner Welt.« Lisa stieg mit ihren drei Steinen wieder in die Lichtsäule und reiste zurück auf die Erde zu Monika.

Als Monika das alles hörte, sagte sie zu Lisa: »Weißt du, ich habe auch etwas ganz Schönes erlebt. Ich bin in ein kleines Raumschiff eingestiegen und bin durch den Himmel und an einigen Wolken vorbeigeflogen. Danach konnte ich mir viel im Universum anschauen. Ich bin an ganz vielen Planeten vorbeigerauscht.

Diese hatten ganz verschiedene Farben und Größen. Auf einigen Planeten wohnten sogar Menschen, wie auf der Erde, nur dass dort viel mehr Natur war, als bei uns auf der Erde und nicht so viele Straßen und Häuser. Ich konnte sehen«, sprach Monika, »wie die Leute dort auch in Harmonie miteinander umgingen. Dort gab es keine Streitereien.«

»Das finde ich viel schöner«, sprach Lisa.

Da fielen ihr die Steine ein, welche sie noch in der Hand festhielt. »Schau her, wir können uns auch hier auf der Erde etwas zu Nutze machen. Ich habe hier drei Steine«, und sie erzählte Monika, was Larissa ihr zu den Steinen erzählt hatte.

Da sagte sie zu Lisa: »Das finde ich gut. Ich werde schauen, ob mir meine Mutter in einem Steinladen auch drei solche Zaubersteine kaufen kann. Und dann probiere ich es aus, wie diese Steine bei mir wirken. Ich werde einen mit zur Schule nehmen, sozusagen als Glücksbringer, die anderen beiden Steine lege ich mir unter mein Kopfkissen.«

Beide merkten gar nicht, wie schnell die Zeit verging. Im Nu war es schon spät am Nachmittag und beide Mädchen liefen nach Hause, weil sie noch Hausaufgaben erledigen wollten. Sie hatten durch ihre Pause, samt ihrer Traumreise ins Universum, viel Kraft geschöpft und dabei noch viel gelernt. Beide Mädchen kamen nun zu dem Entschluss, sich öfter am Nachmittag die Zeit zu nehmen, um sich auszuruhen. Dadurch haben sie viel mehr Kraft, sich in der Schule zu konzentrieren.

Der Ausflug ins Grüne

Für heute hatte sich die gesamte Familie verabredet, einen Ausflug ins Grüne zu starten. Das heißt, einen Ausflug in die Natur. Der kleine Bus der Familie Müller ist schon gepackt, die Hunde sitzen im Kofferraum und es kann endlich losgehen.

Familie Müller setzt sich wie folgt zusammen: Vater, Mutter, zwei Kinder, namens Paul und Paula, sowie die beiden Hunde Nelly und Pinky.

Die Sonne scheint, es ist schön warm draußen und die Familie fährt nun mit dem Bus los. Die beiden Kinder Paul und Paula freuen sich schon sehr auf diesen Ausflug, da ihre Eltern in der Woche zur Arbeit gehen und nun Zeit haben, am Sonntag gemeinsam mit ihren Kindern raus in die Natur zu fahren. Nach einer Stunde Fahrt mit dem Kleinbus sind sie endlich angekommen. Ziel des Ausflugs ist ein großes Waldgebiet mit einem wunderschön gelegenen Waldsee.

Am Rande des Waldes wird der Bus geparkt und alles, was nötig ist für den Tag, mitgenommen. Paul und Paula schnappen sich ihre Hunde Nelly und Pinky, die Eltern nehmen die Decke und den Picknickkorb und nun beginnt die Wanderung. Zuerst werden die Hunde an die Leine genommen, da sich noch andere Ausflügler im Wald befinden.

Paul und Paula sind 10 Jahre alt und Zwillinge. Als sie so durch den Wald laufen, erzählt Paula dem Paul, was sie so bewegt. Paula erzählt und erzählt, sodass die beiden gar nicht bemerken, wohin sie überhaupt gelaufen sind. Inzwischen sind sie vom Weg abgekommen und wissen nicht mehr, wo sie sich befinden. Ihre Eltern haben sie seit der Ankunft mit dem Bus am Wald nicht mehr gesehen. Nun wird es den beiden wirklich komisch, sie bekommen Angst, weil sie sich wohl verlaufen haben. Sie rufen nach ihren Eltern, doch niemand meldet sich.

Sie kommen zu einer Bank, welche am Feld steht, und setzen sich hin. Paul bleibt ganz ruhig. Er sagt zu Paula: »Unsere Eltern werden uns schon finden. Weißt du, wir bleiben hier sitzen und schauen uns die Natur von hier aus an.« Was sie da alles entdecken! Ein Fuchs läuft durch das Feld und jagt einem Hasen nach, über ihren Köpfen zwitschern die Vögel und die Hunde haben sich inzwischen auf den Boden gelegt und ruhen sich aus. Da erzählt Paula dem Paul, was sie in der vergangenen Woche in der Schule erlebt hatte. Ihre Freundin Valeria sitzt in der Schule genau neben Paula. Valeria hat noch fünf Geschwister und wohnt in einem großen Bauernhof auf dem Land. Sie hatte Paula in den letzten Tagen schon viel erzählt, was auf dem Bauernhof so los ist. Aber das allergrößte Ereignis kommt erst noch. Sie erzählte es mir am Freitag, bevor wir am Nachmittag noch die Hausaufgaben erledigt hatten.

Also die Geschichte war so: Bei Valeria auf dem Hof bekommen die Enten und Gänse einen neuen Teich. Alles wurde von der Familie vorbereitet. Es wurde eine neue und größere Grube im Garten ausgehoben, mit Folie ausgelegt und ringsherum mit Steinen befestigt, sodass alles einen guten Halt hatte. Danach wurde Wasser in den Teich eingelassen und um den Teich herum wurden noch Grünpflanzen gepflanzt. Nun konnten die Enten und Gänse umziehen, alles war vorbereitet. Valeria hatte die Aufgabe, die Enten und Gänse hinüber zum neuen Teich zu geleiten, was ihr auch gut gelang.

Als sie das nun Paul so erzählt, hören sie von Weitem die Stimmen ihrer Eltern. Beide freuen sich, dass sie die Eltern sehen.

»Wo wart ihr denn?«, fragen sie die Kinder.

»Ach wir hatten uns von der Schulwoche so viel zu erzählen, dass wir nicht bemerkten, wie wir vom Wege abkamen.«

Den Eltern gefällt der Platz, wo es sich Paul und Paula gemütlich gemacht haben. Sie breiten die Decke aus, holen das Essen aus dem Picknickkorb und machen es sich so richtig gemütlich. Für die Hunde gibt es auch ein Stück Wurst zu essen und für die Kinder Obst, Kartoffelsalat und Käsespieße mit Weintrauben. Nachdem sie so einige Zeit dort verbringen, packen alle wieder die Sachen zusammen, um ihren Weg zum Waldsee fortzusetzen.

Die Kinder spielen auf dem Waldweg mit den Hunden und kommen nach ca. einer Stunde nun endlich am See an. Dort ist es sehr schön, der See liegt mitten im Wald, umgeben von Bäumen und Sträuchern. Auf einer Lichtung befindet sich eine große Wiese, wo alle genug Platz zum Sonnen und Spielen haben. So vergeht Stunde um Stunde, die Familie badet und spielt mit den Hunden zusammen auf der Wiese.

»Es ist so ein schöner Tag«, sagt Paul zu Paula. »Ich freue mich, wenn wir zusammen mit den Hunden hier in der Natur sein können.« Nun geht es auch schon an das Zusammenpacken, da es Zeit wird nach Hause zu fahren. Paul und Paula haben am Wochenende viel in der Natur erlebt und können zum Wochenbeginn in der Schule viel davon erzählen.

 34

Die Kinder
möchten entspannen

Peter und Monika sind Kinder, welche die 3. Klasse einer Grundschule in einer großen Stadt besuchen. Beide Kinder befinden sich gerade auf dem Weg in die Schule. Heute haben sie einen anstrengenden Tag vor sich. Sie schreiben in Deutsch ein Diktat sowie eine Klassenarbeit in dem Unterrichtsfach Mathematik. Dazu benötigen sie eine hohe Konzentration und Ausdauer.

Monika sagt auf dem Schulweg zu Peter: »Weißt Du, meine Mama hat mir heute eine extra große Portion Obst in mein Pausenbrot getan. Das ist wichtig, sagt sie zu mir. Du hast heute einen besonders langen Schultag vor dir und schreibst dazu noch zwei Arbeiten.«

Peter antwortet ihr: »Hm, das ist mir einleuchtend, aber meine Mama hat mir heute wieder nur Brote geschmiert. Ich werde es ihr heute am Nachmittag erzählen, wie wichtig Obst und Gemüse im Pausenbrot sind.«

Monika berichtet Peter weiterhin auf dem gemeinsamen Schulweg, was sie seit geraumer Zeit an Entspannung für sich tut.

Es begann ungefähr vor einem halben Jahr, da war Monika im Unterricht noch sehr unkonzentriert und nervös. Damals bekam ihre Mutter eine Empfehlung, die Ernährung umzustellen und dafür Sorge zu tragen, dass Monika sich mehr entspannen sollte. Hierzu wurde innerhalb der Familie die gesamte Ernährung umgestellt. Die Mutter kaufte von nun an mehr Vollkornbrot ein, ergänzte die Nahrung mit viel frischem Obst und Gemüse. Monika litt oft darunter, dass die Familie so selten zusammensaß, um die Mahlzeiten miteinander einzunehmen. Auch das wurde von der Mutter abgeändert. Es wurde so eingerichtet, dass mindestens einmal am Tag die ganze Familie am Tisch sitzen konnte, um die Mahlzeit gemeinsam einzunehmen. Das fand Monika richtig gut, denn hier gab es Raum und Zeit gemütlich miteinander am Tisch zu reden. Für Monika war diese Zeit wichtig, denn sie konnte hier alles ihren Eltern erzählen, was sie am Tag in der Schule so erlebt hatte. Meist wurde die gemeinsame Mahlzeit am Abend eingenommen, da alle Familienmitglieder wieder zu Hause ankamen.

Nun erzählte Monika dem Peter die Veränderung in ihrem Schulalltag, was sie durch mehr Entspannung erreicht hatte. Die Mutter besuchte einen Vortrag, in dem es um sehr sensible Kinder mit Unaufmerksamkeit und Konzentrationsstörungen ging. Hier bekam sie ganz viele Anregungen mit auf den Weg, was sie mit wenig Aufwand innerhalb des Familienalltags verändern konnte. Und somit hatte sie zuallererst mit der Ernährungsumstellung begonnen. Es wurde meistens selber gekocht und hierzu frische Lebensmittel verwendet. Auch bekommt sie nun mehr Tee und Wasser ohne Zucker in die Schule mit. Das tut ihr gut, denn sie kann sich länger konzentrieren.

Aber das Beste kommt noch. Seit einiger Zeit besucht Monika an der Schule ein Projekt, wo Fantasiereisen mit in den Schulalltag integriert werden. Dieses Projekt findet ein- bis zweimal im Monat an ihrer Schule statt. Hier erlebt sie ganz viel Entspannung. Sie ist danach richtig gut ausgeruht, sodass sie viel Energie in sich verspürt, um ihre Hausaufgaben zu erledigen. Bald sollen die Lehrer auch an einer Weiterbildung teilnehmen. Peter ist ganz neugierig geworden, was das wohl für eine Weiterbildung sein soll. Monika meinte, dass viele der Kinder es schön finden, wenn ganz kurze Entspannungsgeschichten auch einmal im Schulalltag vorgelesen werden. Hier können dann die Kinder in der Klasse in wenigen Minuten ein Gefühl der Ruhe und Entspannung wahrnehmen. Gleichzeitig erhalten sie mehr Kraft, sich im Unterricht gut zu konzentrieren.

Peter ist fasziniert von diesem Gespräch. Er wird gleich heute Nachmittag mit seiner Mutter darüber sprechen, denn mit der Konzentration und der Aufmerksamkeit hapert es bei ihm im Moment. Das ist eine gute Sache, wenn er es für sich schaffe, mit wenig Aufwand, sich mehr konzentrieren zu können.

Monika erzählte Peter weiter, dass sie ganz stolz auf sich ist. Sie hat sich im Unterricht sehr verbessert und gute Noten bekommen. Weiter berichtet Monika dem Peter, dass sie vor kurzem eine Entspannungstechnik für sich gelernt hat. Diese Entspannungstechnik heißt Reiki.

»Das habe ich im Seminar gemeinsam mit meiner Mutter gelernt«, sprach Monika. »Hier habe ich eine zusätzliche Möglichkeit bekommen, mich mit meinen Händen selbst zu behandeln. Diese werden auf bestimmte Energiezentren des Körpers gelegt und sobald meine Hände dort liegen, wird es mir ganz warm und ich befinde mich in einem sehr entspannten Zustand. Seit diesen Veränderungen geht es mir richtig gut.«

Nun sind Peter und Monika in der Schule angekommen. Für Peter war es ein sehr spannendes Gespräch und Monika freut sich auf den Unterricht.

Deine Seele weiß,
was sie braucht

An einem verregneten Nachmittag kommen Emilia so einige Gedanken der Trübsal auf. Sie sitzt in ihrem Kinderzimmer und schaut aus dem Fenster. Trüb, verregnet und langweilig ist es ihr. Sie hat zu nichts Lust. Und während sie so vor sich hinschaut, meldet sich auf einmal ihre innere Stimme Emi: »Hey, Emilia, was ist los mit dir? Warum bist du so traurig und niedergeschlagen?«

Da antwortet Emilia: »Ich weiß nicht, als ich heute aus der Schule kam, ist alles um mich herum trüb und verregnet. Seitdem fühle ich mich müde und schlapp.«

Doch Emi lässt nicht locker und verwickelt Emilia in ein Gespräch. »Emilia, höre mir bitte zu, ich möchte dir etwas erzählen. Es ist nicht das Wetter, weshalb du dich so traurig und lustlos fühlst, es sind deine Gedanken. Was denkst du gerade?« Emilia hat Mühe, sich auf dieses Gespräch zu konzentrieren. Aber weil die innere Stimme, namens Emi, nicht locker lässt, hört sie nun genauer hin. Emi spricht zu Emilia: »Alles, was du denkst und fühlst, hängt auch mit der Seele zusammen. Es kommt immer darauf an, was dir die Seele gerade sagen will.« Hm, Emilia versteht kein Wort.

»Die Seele weiß ganz genau, was sie braucht! Und wenn es draußen trüb und verregnet ist, will deine Seele, dass du dich ausruhen solltest. Du fühlst, dass du schlapp bist, dann solltest du diesem Gefühl auch nachgeben. Es ist wichtig, dass du lernst, auch auf dein inneres Gefühl oder innere Stimme zu hören. Das innere Gefühl bzw. die innere Stimme weiß ganz genau, was du in diesem Moment benötigst oder nicht. Nur haben viele Menschen verlernt, auf dieses Gefühl zu hören.«

»Kann das jeder lernen?« fragt Emilia neugierig nach.

»Ja«, antwortet Emi. »Das funktioniert aber nur, wenn es still ist um dich herum und du gelernt hast, wieder in dich hinein zu hören bzw. hinein zu fühlen.«

»Und wie stelle ich dies am besten an?«

Emi antwortet: »Weißt du, da gibt es verschiedene Möglichkeiten dieses Gefühl wiederzuerlangen. Du kannst z.B. mit Meditation beginnen. Da gibt es die stille und die geführte Meditation. Hier ist ebenfalls wichtig, wofür du dich spontan entscheiden kannst, das ist dann auch das Richtige für dich. Dann kannst du es auch mit Fantasiereisegeschichten probieren. Diese kannst du dir von

deiner Mutti vorlesen lassen. Durch diese Fantasiereisen wird deine Intuition gestärkt, das heißt, deine gefühlsmäßige Wahrnehmung. Bei den Fantasiegeschichten kannst du dich wunderbar entspannen. Dein ganzer Stress fällt von dir ab, dein Körper ist völlig ruhig und entspannt. Somit ist dein Geist völlig frei und du kannst dich wunderbar in diese Geschichte hinein fühlen. Durch diese Art der Entspannung kannst du vom Alltag komplett loslassen. Deine Kreativität und deine Sensitivität wird gesteigert.«

»Das klingt ja toll!«

Emi sagt: »Das klingt nicht nur toll, es fühlt sich auch toll an. Probiere es einfach mal an dir selbst aus. Du kannst es vorher nicht wissen, was für dich das Passende ist, wenn du es nicht ausprobiert hast.« Das war für Emilia einleuchtend. Emilia bedankt sich bei ihrer inneren Stimme Emi und freut sich über all das, was sie heute von ihr erfahren konnte. «Die Seele weiß, was sie braucht!« Ja, nur dürfen wir wieder lernen darauf zu hören!

 42

Der Mond sieht alles
in der Nacht

Eva und Tom sind Geschwister. Eva ist 8 und Tom 10 Jahre alt. Beide liegen abends im Bett und beobachten von dort aus den Himmel, welcher voller Sterne ist. Auch den kullerrunden Vollmond können die beiden Kinder sehen. »Heute scheint er besonders hell«, sagt Eva zu Tom. Sie versuchen die Sterne zu zählen, allerdings sind es zu viele, sodass die Kinder es aufgeben weiterzuzählen.

Dann schaut sich Tom den Mond genauer an und sagt: »Weißt du Eva, er ist heute so hell, weil er wohl alles im Universum ausleuchtet.«

»Universum, was ist das, kannst du es mir erklären?«

Tom überlegt kurz, dann hat er die Antwort: »Das Universum ist all das, was unseren Planet Erde umgibt. Dort ist alles ganz weit und frei. Im Universum bewegen sich auch andere Planeten neben der Erde.«

»Kann ich sie sehen?« spricht Eva zu Tom.

»Nein, sie sind einfach zu weit weg. Mache deine Augen zu und wenn du schläfst, stell dir einfach vor, dass du ins Universum reist. Einfach so.«

Eva sagt: »Hm, einfach so und das soll funktionieren?« »Klar, ich habe es schon oft ausprobiert und bin in meinen Träumen im Universum gewesen und habe mir dort verschiedene Planeten angeschaut. Den Mars, die Venus und die Sonne. Den Mond hatte ich übrigens auch schon einmal besucht.«

»Diesen großen hellen Mond hast du dir schon einmal von der Nähe angeschaut?« fragt Eva.

»Ja, so ist es«, erwidert Tom.

»Und was hast du dort alles entdecken können?«

»Also, der sieht in der Nähe fast so aus, wie du ihn jetzt von Weitem siehst. Der ist ganz hell. In der Mitte hat er wie ein Gesicht, zwei Augen, Nase und Mund.«

»Was, der Mond kann auch sprechen?« fragt Eva.

»Na klar, was hattest du denn gedacht? Der Mond kann sprechen und sehen. Zu mir hat er jedenfalls schon gesprochen. Und nun höre mir mal ganz genau zu, was ich dir da zu erzählen habe.«

Eines Nachts, als schon mal Vollmond war, konnte ich nicht einschlafen, weil es im Zimmer so hell war. Ich beschloss so für mich, einfach den Mond zu fragen, warum er so hell auf die Erde scheint. Dazu schloss ich beide Augen, um mich besser kon-zen-trieren zu können. Ich habe es mir in meinem Bett gemütlich gemacht und träumte von einer Reise zum Mond. Nach kurzer Zeit ging es auch schon los. Ich stellte mir vor, wie ich durch das Universum zum

 44

Mond flog. Ich war ganz leicht, konnte in Sekundenschnelle hin und her fliegen. Auf einmal war ich ganz nah am Mond. Dieser lächelte mich an und fragte mich: »Na, mein Bub, du hast dich wohl verlaufen, wieso liegst du nicht zu Hause in deinem Bett?«

»Was, das kannst du sehen?«, antwortete Tom dem Mond.

»Klar, ich sehe alles, was in der Nacht auf Erden und auch hier im Universum so geschieht.«

Tom sprach weiter: »Ich habe dich schon so oft von meinem Bett aus beobachtet und mir überlegt, wie schön es wäre, ganz nah bei dir zu sein. Ich möchte dich nämlich etwas ganz wichtiges fragen.«

»Na, da bin ich aber gespannt, Tom, was du mir zu erzählen hast.«

»Meinen Namen kennst du auch!« Tom war erstaunt.

»Ja, den kenne ich auch«, erwiderte schmunzelnd der Mond. »Na, dann fang mal an mit deinen Fragen!«

»Ich habe schon oft an dich gedacht, lieber Mond, weil ich dich jeden Monat in voller Größe aus meinem Bett heraus beobachten kann. Ich habe mich schon immer gefragt, ob der Mond mir helfen kann, ob er eine Antwort hat auf meine Fragen.«

»Du machst es aber spannend«, sprach der Mond.

»Also mir geht ständig durch den Kopf, ob es im Universum auch Menschen gibt und wie sie dort leben können?« Der Mond war schon etwas verwundert über diese Frage. »Na klar gibt es hier auch Menschen. Die leben auf ganz anderen Planeten. Diese sehen so ähnlich aus, wie der Planet Erde. Nur etwas anders eben. Und dort gibt es auch Flüsse und Meere und Pflanzen, Tiere und Menschen. Auf diesen Planeten jedoch geht es ein bisschen anders zu als auf der Erde.«

»Wie anders?«, Tom wurde neugierig.

»Weil ich von hier oben alles genau sehe, möchte ich es dir beschreiben. Weißt du, die Menschen auf diesen Planeten leben in Harmonie und Liebe miteinander. Dort gibt es keinen Streit, keinen Hass und keinen Ärger. Jeder übt seine Tätigkeit aus, was er am besten kann. Da findet sich für jeden das Passende. Alles geht friedlich vonstatten. Die Menschen gehen auch achtsam mit der Natur, mit den Pflanzen und den Tieren um. Vor allem gehen sie miteinander sehr sorgsam um. Alle werden so angenommen, wie sie sind. Keiner muss sich verbiegen, um geliebt und wahrgenommen zu werden. Sie leben im SEIN, im Hier und Jetzt. Die Kinder gehen in eine Schule und lernen dort, wie sie aufmerksam mit der Natur umgehen sollen. Das ist alles ganz einfach, wenn nur jeder Mut hat hinzuschauen. Weißt du, Tom, eins ist ganz wichtig. Toleranz und Akzeptanz eines Jeden. Wenn das die Menschen auf der Erde lernen könnten, ist das Leben dort viel leichter.«

Das verstand Tom sofort. Wie oft gab es in der Schule und auch bei ihm zu Hause Streit und Krach. »Das muss nicht sein«, sprach der Mond. »Wenn alle Menschen aus dem Herzen kommunizieren lernen, ist vieles einfacher.«

»Das ist schön, das gefällt mir lieber Mond.« Der Mond gab nun Tom noch einiges mit auf seinen Weg. Doch einen wichtigen Satz wollte der Mond noch loswerden, bevor Tom sich von ihm verabschiedete.

»Bringe den Menschen bitte folgende Botschaft mit auf die Erde: ›Öffnet eure Herzen und nehmt

47

euch alle so an, wie ihr seid!«« Diesen Satz fand Tom richtig schön, denn so konnte auch er sich viel wohler fühlen.

»Da bin ich ja richtig!«

»Wieso hast du jemals daran gezweifelt?« rief ihm der Mond noch nach.

Als Tom nach dem Ausflug in seinem Zimmer gelandet ist, wacht Eva auf und will alles wissen. Aber Tom beruhigt sie: »Alles ist gut Eva, du bist richtig so wie du bist, alles andere erzähle ich dir morgen früh. Der Mond kann alles sehen.«

Das kleine Einhorn Maria und ihre erstaunlichen Erkenntnisse in der Galaxie

Vor langer Zeit lebte ein kleines Einhorn, namens Maria in einer von uns weit entfernten Dimension, d.h. in einer anderen Galaxie. Auch sie feierte Weihnachten, denn ihr Leben dort funktionierte so ähnlich wie bei den Menschen hier auf der Erde. Sie war in der Adventszeit immer sehr aufgeregt, weil es Vieles in ihrer Familie zu organisieren gab. Die Einhornmama hatte schon viel gebacken, Kekse, Stollen und so mancherlei anderes Gebäck. Maria schaute sich das ganze Spektakel immer sehr aufmerksam an. Sie hatte sich vorgenommen, wenn sie einmal groß ist, wie die anderen Einhörner, dann möchte sie auch solche Kekse und Stollen backen können. Als sie nun dabei war, ihrer Einhornmama beim Plätzchen ausstechen zu helfen, fragte sie ihre Mama: »Meinst du, die Menschen auf der Erde würden mich verstehen, wenn ich zu ihnen sprechen könnte?«

Die Einhornmama antwortete: »Ja, das ist so. Aber bis dahin darfst du noch ein bisschen wachsen. Wenn du groß bist, kannst du zu den Menschen auf der

Erde sprechen. Hm, damit wollte sich Maria nicht zufrieden geben. »Ich kann es machen, wenn ich groß bin, aber erzähle mir schon mal wie es geht.« Die Mutter war schon etwas verwundert, über das Nachfragen der kleinen Maria.

Aber da sie ja beide in der Plätzchen Bäckerei ohnehin zusammen waren, erklärte sie es sehr geduldig dem kleinen Einhorn.

Also, du musst wissen, dass es auf der Erde auch Menschen gibt, die sehr sensitiv und intuitiv sind. Diese Menschen haben einen sogenannten guten Draht nach oben! Währenddessen sie meditieren, kommen ihr Körper, ihr Geist und auch ihre Seele zur Ruhe. Dadurch sind sie in der Lage, feine Frequenzen wahrzunehmen.

Durch diesen entspannten Zustand können sie aus ihrer Wahrnehmung heraus mit ihrer Seele oder auch mit Anderen aus entfernten Dimensionen oder Galaxien sprechen. Für Maria klang das Alles sehr spannend. Aber es gibt doch auch ein Telefon auf der Erde. Warum kann ich die Menschen dort nicht über das Telefon erreichen.? »Nein meine liebe Maria, das geht nicht. Es geht nur von uns aus über die Stille im meditativen Zustand. Hast du das schon mal ausprobiert? Ja, natürlich, das habe ich. Und die Menschen auf der Erde haben mir auch zuhören können und wir haben uns unterhalten.

»Was gibts da schon Großes zu berichten von uns?«

»Vieles, denn es gibt auch etwas, was die Menschen auf der Erde sehr bewegt. Es ist das Thema der LIEBE. Viel Hass, Wut und Ärger herrschen auf den Planeten Erde. Da darf etwas geschehen. Die Menschen auf der Erde werden in nächster Zeit ganz neue Wege gehen.

Sie kommen mit den alten Strukturen nicht mehr weiter. Hier gilt Handlungsbedarf.

Ein neues Umdenken ist angezeigt. Ein Umdenken hin zu mehr Liebe, Toleranz und Akzeptanz eines Jeden. Das ist ein sehr großes Thema. Der Planet Erde bewegt sich sozusagen in ein neues Bewusstsein hinein.

Aber nun, meine liebe Maria, ist es Zeit, die letzten Plätzchen auszustechen. Morgen ist Nikolaustag, und ich möchte noch ein kleines Geschenk an die Tagesstätte für kleine Einhornkinder abgeben. Ich hatte es dort versprochen.«

Maria schaute hin und her, und plötzlich hatte sie eine Idee: »Mama, ich werde wenn ich groß bin, mich mit den Menschen auf der Erde verbinden und mit Ihnen reden. Vielleicht kann ich denen auch ein bisschen helfen, denn helfen tust du ja den kleinen Einhornkindern auch.«

»So, und nun machen wir beide uns einen Plan, wie wir mit Hilfe der Engel die Geschenke verteilen können. Maria, es gibt viel zu tun.«

Entspannungsformeln
mit Farbmeditation

Zu Beginn einer Fantasiereise ist es notwendig, die Beteiligten in eine Form der Entspannung zu bringen, damit diese zuallererst vom Alltag loslassen können. Dazu eignen sich Formeln zur Entspannung. Diese haben den Sinn, dass der Körper mitsamt seinen Muskeln vollkommen zur Ruhe kommt. Dazu eignen sich folgende langsam gesprochene Formeln:

»Dein Körper verbindet sich nun hier mit diesem Raum, auf dieser Matte (bzw., sollte die Meditation im Sitzen stattfinden,) auf diesem Stuhl. Alle Muskeln unseres Körpers sind locker, ruhig und entspannt ...«

Um diese Entspannung zu erreichen, ist es ratsam, eine Körperreise vor der Meditation einzuflechten:

»Richte nun deine Aufmerksamkeit auf dein inneres Auge und stelle dir vor, wie du jeden Körperteil deines Körpers visuell in die Entspannung führst.«

Nun sprich bitte Folgendes hierfür mit ruhiger Stimme: *»Nimm bitte drei tiefe Atemzüge, atme durch die Nase ganz tief ein, halte dann den Atem kurz an und atme wie von selbst durch die Nase ganz langsam wieder aus. Atme nun noch einmal durch beide Nasenlöcher ein, halte den Atem kurz an und atme wie von selbst durch die Nasenlöcher wieder aus. Und nun atme zum allerletzten Mal durch die Nase ganz tief ein, halte den Atem noch einmal kurz an und atme wie von selbst ganz langsam durch die Nase wieder aus.«*

»Stelle dir nun vor deinem inneren Auge deinen Körper liegend bzw. sitzend vor und gehe mit deiner Aufmerksamkeit nun zu deinen Füßen. Zu den Zehen, den Fußrücken, der Fußsohle und zu deinen Fersen und alle Muskeln deines Körpers sind entspannt. Deine Fußgelenke, die Waden, deine Schienbeine, die Knie und Kniegelenke sowie deine Oberschenkel sind entspannt. Dein Gesäß, dein Becken, dein unterer Rücken, die Muskulatur, rechts und links der Wirbelsäule, sind entspannt. Der obere Rücken, deine Schultern, die Oberarme, die Ellenbogen, deine Unterarme, die Handgelenke sowie deine Hände sind entspannt. Dein Hals, dein Hinterkopf, die Schädeldecke, deine Stirn, die Schläfen, die Ohren, deine Augen, die Nase, der Mund, dein Kiefer und deine Kiefergelenke sind entspannt. Dein Brustbein, dein Brustkorb, dein

 54

Bauch mit allen inneren Organen, sind locker, warm, weich, ruhig und entspannt.«

Nach dieser Körperreise besteht nun die Möglichkeit, eine Meditation folgen zu lassen. Hier ist es jedem selbst überlassen, wie lange er diese Meditation einbinden möchte. Ich möchte hier eine kurze Farbmeditation im Anschluss empfehlen.

»Stellt euch nun vor eurem inneren Auge vor, wie ihr euch an einem Strand am Meer befindet. Ihr fühlt, wie das Wasser eure Beine umspült und seht die Sonne am Horizont. Nun stellt euch vor, wie ihr euch durch eine grüne Vegetation, durch einen Park, zu einem Tempel der Heilung bewegt. Dieser Tempel befindet sich in Indien und hat die Farben Rot, Gelb und Weiß/Gold. Nun sucht sich dort ein jeder von euch einen Platz auf einer Kristallliege aus. Geht in das Gefühl, wie rote Heilenergie beginnt, durch euren Körper zu fließen. Zu allererst fließt diese Heilenergie durch den Kopf, hinab zu eurem Hals, weiter bis zu den Schultern, um nun in die Oberarme zu fließen. Weiter bis zu den Ellenbogen, bis in die Unterarme, über die Handgelenke, bis in jeden einzelnen Finger, um nun wieder zurück in die Schultern zu fließen. Von dort aus sucht sich die rote Heilenergie den Weg über das Brustbein zum Brustkorb, von dort aus fließt sie in euer Herz, geht in das Gefühl hinein, ein jeder für sich selbst, wie

es sich anfühlt, wenn sich rote Heilenergie im Herzen ausbreitet und anfüllt. Von dort aus fließt diese Heilenergie weiter in euren Oberbauch, breitet sich aus und fließt Stück für Stück in euren Unterbauch hinein. Dort breitet sich diese rote Heilenergie aus und fließt weiter in den Unterleib, in das Gesäß hinein. Von dort aus sucht sich die Heilenergie den Weg, um in beide Beine zu fließen. Hier fließt sie zuallererst in beide Oberschenkel, zu den Knien und Kniegelenken, weiter in die Schienbeine und in die Waden hinein, um sich von dort aus über die Fußgelenke bis in beide Füße auszubreiten. Von dort aus tritt diese Heilenergie in den Bereich der Erde ein und wird dort gereinigt und über die violette Transformationsenergie dem Universum als gereinigte Energie zur Verfügung gestellt.«

Dieser Energiefluss kann bei Bedarf auch nach obigem Schema mit der gelben und weiß/goldenen Heilenergie durchgeführt werden. Sobald nun alle Farben angewandt wurden, ist es wichtig, die Kinder aus dem Tempel der Heilung zurückzuholen. Hierzu kann folgender Wortlaut sehr hilfreich sein:

»Alle fühlen die Kristallliege, worauf sie liegen. Ihr könnt euch gerne noch die Farbe der Liege merken, aber nun ist die Zeit des Abschieds gekommen. Ihr verlasst den Tempel der Heilung, lauft zurück durch

 56

die grüne Vegetation bis zum Strand, zum Meer, wo der Weg in den Tempel der Heilung begonnen hat. Ihr fühlt euch völlig ruhig, warm, locker und entspannt. Doch nun kommt mit auf eine Reise in die Welt der Fantasie.«

Nun kann den Kindern eine der aufgeführten Fantasiereisegeschichten vorgelesen werden. Zum Abschluss ist es wichtig, dass die Kinder wieder in das Hier und Jetzt ankommen. Dafür sind folgende Formeln als sehr wirkungsvoll anzusehen.

»Und nun geht eure Fantasiereise dem Ende zu. Ihr seid nun wieder hier in eurem Klassenraum (in eurem Kinderzimmer usw.) angekommen.
Atmet noch einmal ganz tief durch eure Nase ein, haltet kurz die Luft an und atmet wie von selbst durch beide Nasenlöcher wieder aus. Ballt die Hände zu festen Fäusten und öffnet sie dann wieder. Bewegt die Beine, rekelt euch und streckt euch und kommt nun ganz entspannt im Hier und Jetzt wieder an.«

Wenn den Kindern diese Fantasiereisegeschichten zum Einschlafen vorgelesen werden, ist zum Abschluss folgender Wortlaut zu empfehlen:

»Nun ist deine Fantasiereise zu Ende. Schließe deine Augen, sei ganz entspannt bei dir, in deinem Bettchen und träume schön von dieser Fantasiegeschichte. Alles um dich herum ist ganz still, sodass du nun einschla fen möchtest.«

Die Abschlusssätze können somit vom Vorleser variiert werden, je nachdem, ob sich eine aktive bzw. passive Phase der Kinder anschließen soll.

Danksagung der Autorin

Ich danke aus tiefstem Herzen meinem lieben Ehemann, welcher mir für die Erstellung dieses Buches seine ganze Unterstützung gegeben hat. Ebenso möchte ich meinen großen Dank meiner geliebten Schwester aussprechen, für ihre Begleitung auf meinem Weg, dieses Buch zu schreiben. Ich danke meinen Eltern von ganzem Herzen, dass sie mir gelehrt haben, Wege und Ziele zu verfolgen und zu verwirklichen.

Ein großes Dankeschön möchte ich an Jessica Ballweg und Bianca Karwatt aussprechen. Ich danke all meinen Lehrern, welche mich auf meinen Weg begleitet haben, und auch zukünftig begleiten werden.

Zur Autorin

Madhavi Veronika Broszinski ist ausgebildete Hatha Yogalehrerin (BYV), Kinder Yogalehrerin (BYV), und Bhakti Yogalehrerin. Sie wurde nach den Lehren von Swami Sivananda in Hatha Yoga im Yoga Vidya Ausbildungszentrum – Bad Meinberg ausgebildet. Über verschiedene Lebensumstände kam sie zur ganzheitlichen Ausrichtung und Betrachtungsweise. Ihre Ausbildung in Ayurveda und ayurvedischen Massagen absolvierte sie in Sri Lanka. Aus ihren eigenen Lebens – und spirituellen Erfahrungen berät und bildet sie in ihren Seminaren, mit viel Liebe aus dem Herzen aus. Ihr Herz schlägt für Bhakti Yoga, und Mantra Singen. Ihre Spiritualität bringt sie als Autorin durch Wort und Schrift über ihre Bücher, sowie über ihre SeelenMalerei zum Ausdruck. Ihre Arbeit ist geprägt von mehrmaligen Aufenthalten in Indien und Sri Lanka. Seit 2009 wirkt sie in ihrer Berufung in eigener Praxis. Um auf der tiefen spirituellen Ebene den Zugang zu erreichen, entwickelte sie ein System im Regenbogen Licht Coaching. Dabei verbindet sie die Kraft der Farben mit der Chakralehre. Sie ist verheiratet, hat zwei erwachsene Kinder und sieben Enkelkinder.

Kontaktdaten

Gerne stehe ich vor Ort für Einzelberatungen zur Verfügung, aber es gibt auch Vieles, was ich über meine Vorträge, Seminare, Workshops und Retreats anbiete.

Weitere Informationen finden Sie auf meiner Homepage: www.herz-balance.com.

 62

Weitere Bücher der Autorin

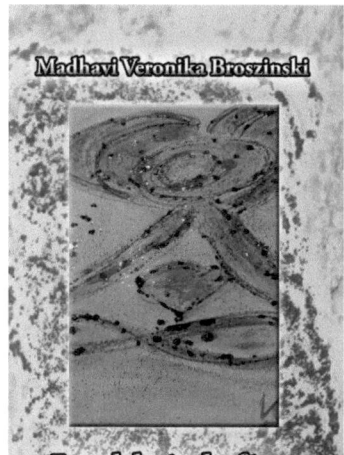

Engelsbotschaften
Im Licht der Liebe
Paperback
60 Seiten, 9,99 €
ISBN 9783746033211

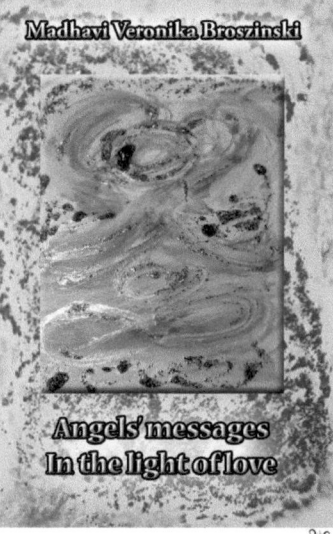

Angels' messages
In the light of love
Paperback
56 Seiten, 9,99 €
ISBN 9783752861822

**Meine Schwester,
der Engel auf Erden**
Paperback
120 Seiten, 6,00 €
ISBN 9783744897655